Dunkelheit über der Elfenbeinküste (Côte d'Ivoire):

Der Fall von Laurent Gbagbo als Lektion für den Rest Afrikas

Janvier Tchouteu

TISI BOOKS

NEW YORK, RALEIGH, LONDON, AMSTERDAM

VERÖFFENTLICHT VON TISI BOOKS
www.tisibooks.com

Sachbücher von Janvier T. Chando

IKONEN UND BÖSEWICHTE: Jüngste Politische Attentate…
GEFALLENE HELDEN: Afrikanische Führer, deren Attentate...
UKRAINE: Das Tauziehen zwischen Russland und dem Westen
KAMERUN: Frankreichs Dysfunktionales Marionetten System in Afrika
KAMERUN: Das Heimgesuchte Herz Afrikas

Fiktionstitel von Janvier Chando

Der Usurpator: und andere Geschichten
Triple Agent, Doppel Kreuz
Jünger des Vermögen
Der Union Moujik
Blitz der Sonne
Vermögen Ruft
Meister des Vermögen
Kinder des Vermögen
Großmütter und Perfekte Liebe
Verliebt Sein und Weise Sein
Die Feuer und Eis Legende
Der Süßeste Wahnsinn
Das Hunger Feuer
Die Schatten des Feuers
Vater und Söhne
Der Arzt
Dunkle Schatten
Schicksalhafte Krawatten
Das Urteil des Hades
Prozess Gegen Seine Majestät
Ngokos Torheit
Der Usurpator
Die Mitgift
Ich bin Gehasst
Der Lümmel

Kommende Titel von Janvier Chando

Die Heimdrifter
Der Weiße Falke
Die Norilsk Bären
Sterbliche Freunde

ISBN-13: 979-8-73-180865-1
ISBN-10: 8-73-180865-4

VERÖFFENTLICHT VON TISI BOOKS
www.tisibooks.com

NEW YORK, RALEIGH, LONDON, AMSTERDAM

Gedruckt in den Vereinigten Staaten von Amerika

Widmung

Dank der kamerunischen Diaspora, deren schwierige Situation als Inspirationsquelle für diesen Ausdruck dessen diente, was unser geliebtes Kamerun erwartet.

Anerkennung

Dieser Bericht ist dem liebevollen Andenken an Dr. Samuel F. Tchwenko, und unseren Vätern gewidmet, die in ihren Worten und Taten patriotisch waren und ihre Landsleute umarmten, ohne voreingenommen zu sein.

Dunkelheit über der Elfenbeinküste (Côte d'Ivoire):

Der Fall von Laurent Gbagbo als Lektion für den Rest Afrikas

Inhalt

Karten

Elfenbeinküste auf einer Weltkarte

Karte von Elfenbeinküste (Cote D'Ivoire) in Afrika

Teilungskarte von Afrika (1884-1914)

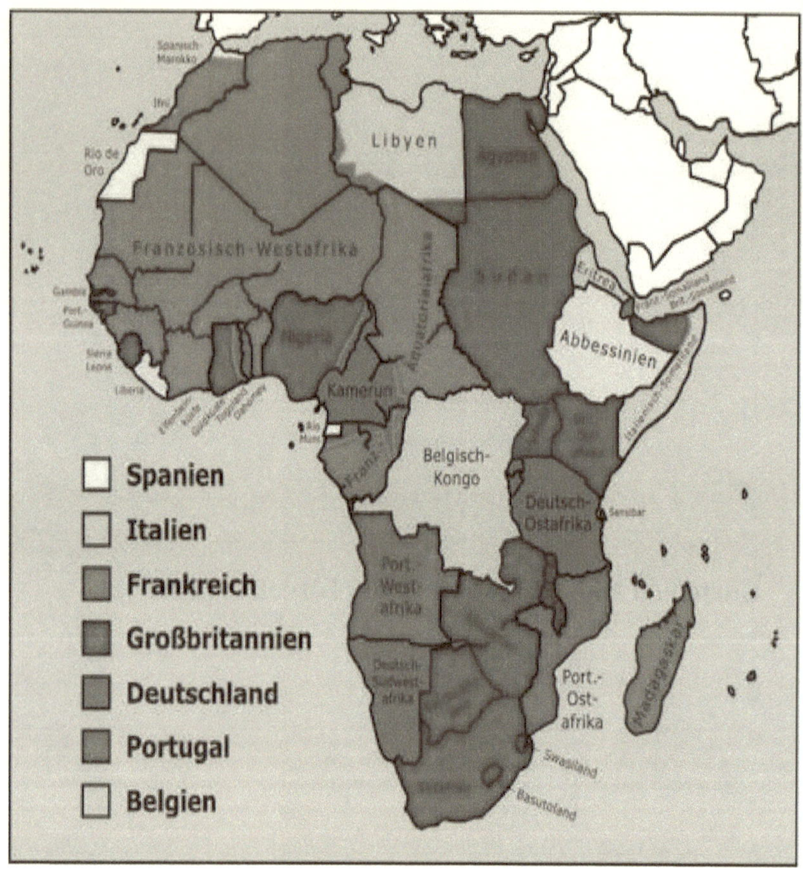

Unabhängigkeit Karte der Afrikanischen Länder

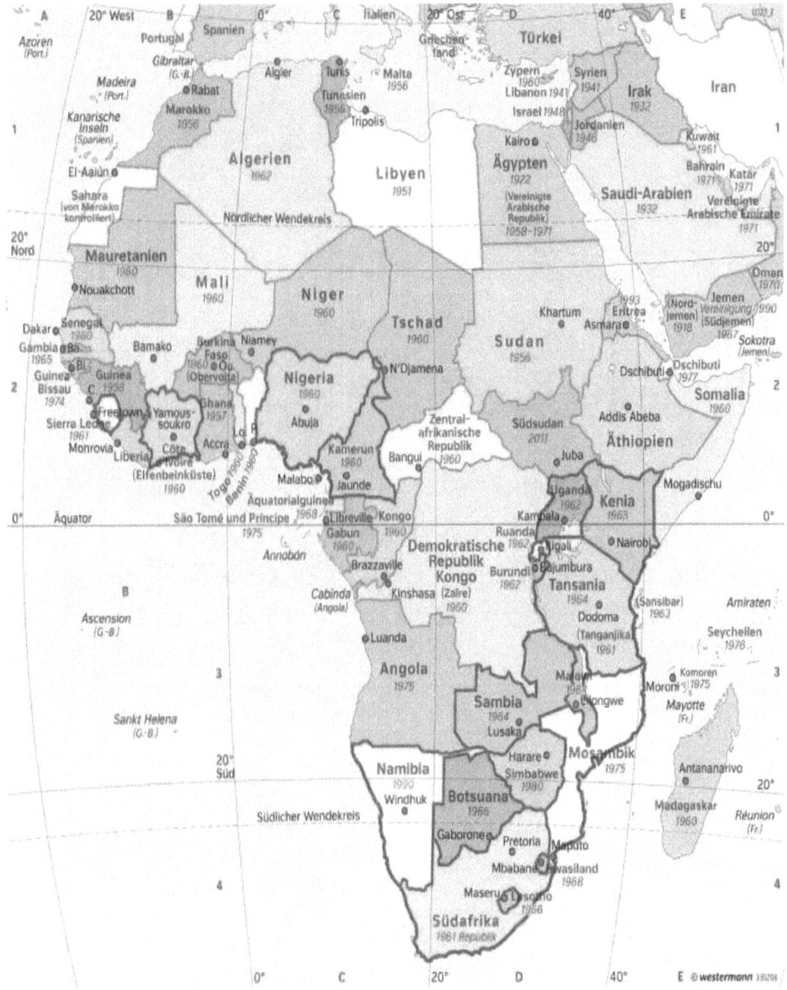

Demokratie Index: Afrika und die Welt

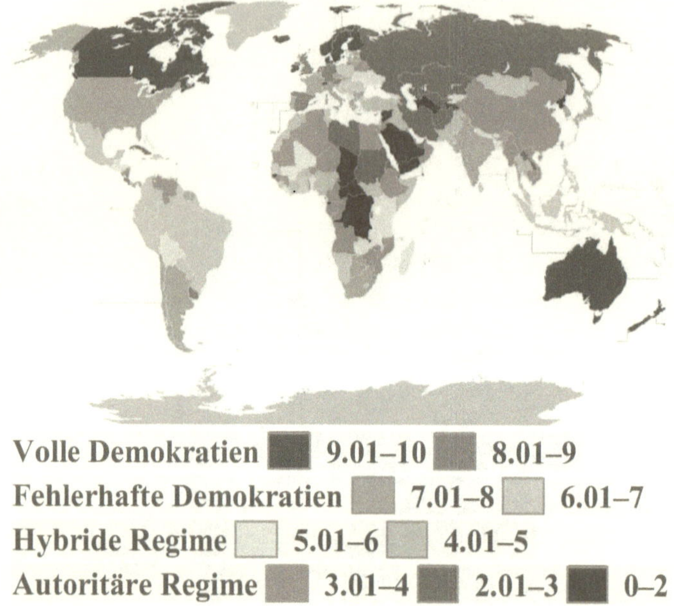

Politische Karte der Afrikanischen Länder

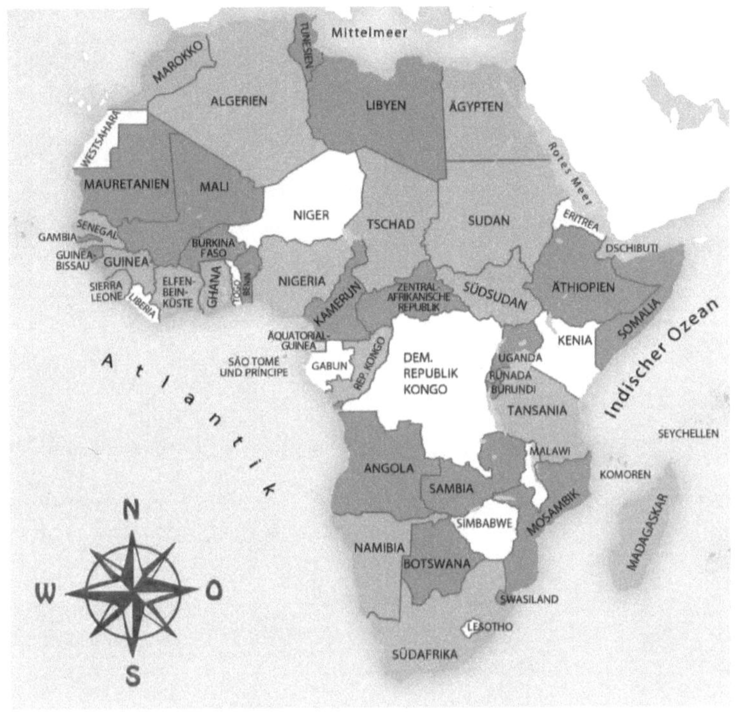

Zitate

„Ich werde nie den Moment vergessen, in dem ich zum ersten Mal die Tragödie der Kolonisierung spürte und verstand. [. ..] Seit diesem Tag schäme ich mich für mein Land. Seit diesem Tag kann ich keinen Indochinesen, einen Algerier, einen Marokkaner treffen, ohne um Vergebung bitten zu wollen. Verzeihen Sie all die Schmerzen, all die Demütigungen, die erlitten wurden, dass wir ihr Volk leiden ließen. Weil ihr Unterdrücker der französische Staat ist, tut das im Namen aller Franzosen, also auch für einen kleinen Teil, in meinem Namen. Deshalb kann ich in Gegenwart derer, die der französische Staat unterdrückt, nur erröten, ich kann nur das Gefühl haben, dass ich Fehler habe, von denen ich mich selbst erlösen kann.“

- Simone Weil

„Zwischen Kolonisator und Kolonisierter gibt es nur Raum für Arbeit, Einschüchterung, Druck, Polizei, Raub, Vergewaltigung, Pflichtkulturen, Verachtung, Misstrauen, Arroganz, Genügsamkeit, Pfeifen, heruntergekommene Eliten, degradierte Massen. Kein menschlicher Kontakt, sondern Herrschafts- und Unterwerfungsverhältnisse, die den kolonisierenden Menschen in einen Bauern, Adjutanten, Babysitter, Chicoten verwandeln; und der gebürtige Mensch zu einem Instrument der Produktion. Ich bin an der Reihe, eine Gleichung zu fragen: Kolonisierung = Veränderung.“

- Aimé Césaire

„Neokolonialismus ist nichts anderes als eine langsame und fortschreitende Zerstörung der Emanzipation der Völker."
-Souleymane Boel

Einleitung

Viele Experten sind der Vertreten, dass Cote D'Ivoire das einzige Land in Afrika ist, in dem ein sauber geblautes Schema der französischen neokolonialen Kontrolle über Afrika am effektivsten angewendet wurde, und dass es sehr schwierig ist, die undurchlässige Natur von FrancAfrique in dieser westafrikanischen County zu verpassen. Die scheinbar negativen Konnotationen dieser Standpunkte lassen einen Außenstehenden fragen, ob es nicht etwas Positives für das Land in diesem Aspekt des französischen Neokolonialismus gibt. Schließlich sticht Abidjan, die größte Stadt und ehemalige Hauptstadt, als moderne Metropole auf einem Kontinent hervor, der hinter den anderen zurückbleibt; am Ende des Tages ist das Land relativ gut zu tun gegenüber seinen Nachbarn; und dreißig Jahre nach der Unabhängigkeit hatte diese westafrikanische Nation keine politische Instabilität.

Die Elfenbeinküste, auch Cote D'Ivoire genannt, erlebte drei Jahrzehnte lang keine politische Instabilität, weil ihr erster Präsident Félix Houphouet-Boigny vor und nach der Unabhängigkeit 1961 sich und sein Land zu einem unterwürfigen Partner Frankreichs machte, Ivorische Nationalisten mit anti-französischen oder patriotischen Ansichten sagen gerne.

Félix Houphouet-Boigny war ein Pragmatiker, halten seine Anhänger. Er wusste, dass Cote D'Ivoire nicht ohne Frankreich auskommen konnte, und bewegte sein Land so zu einer Partnerschaft mit Frankreich, die zu Entwicklung und Wohlstand führte, im Gegensatz zu seinem guineischen Amtskollegen Sekou Touré, der alle Verbindungen zu Frankreich abbrach, seine Unterstützer sagen gerne.

Wenn das der Fall wäre, wie kommt es dann Laurent Gbagbo, der ivorische Bürgernationalist und Panafrikaner, der seine Abneigung gegen den französisch-neokolonialismus nie verheimlicht hat, es nach dem Untergang der ivorischen Legende an die Macht geschafft? Und wie kam es, dass es zu einer französischen Militärintervention kam, um Laurent Gbagbo von der Macht zu entfernen?

Dieser prägnante Bericht soll mehr Licht auf den ivorischen Sumpf werfen, eine Sackgasse, die die Ambivalenz des französischen Einflusses im Land, im frankophonen Afrika und auf dem übrigen afrikanischen Kontinent widerspiegelt.

Kapitel Eins

Von links nach rechts: Laurent Gbagbo und Alassane Ouattara

Oft ist der komplizierteste Frieden besser als der einfachste Krieg. Sowohl Laurent Gbagbo als auch Alassane Ouattara sind Verlierer, und beide führten das ivorische Volk auf einen verlorenen Weg. Ich bedauere sie beide, weil ich denke, dass es einen Kern der Güte in ihren Seelen gibt, wenn es um ihre Wünsche und ihr allgemeines Engagement für das Wohlergehen der Elfenbeinküste geht.

Aus dem jahrzehntealten ivorischen Sumpf, der letztlich zur Demütigung eines naiven Gbagbo und dem verkrüppelten Aufstieg zur Macht Ouattaras führte, gibt es jede Menge Lehren zu ziehen; eine davon ist, dass die Arena des afrikanischen Machtspiels oder der Politik ein Schlachtfeld altgriechischer klassischer Proportionen ist, wie "Die Ilias", wo die Krieger in ihrem Bravado rollen, unbewusst der äußeren Einflüsse der größeren Mächte (der Götter) in ihren Siegen, Niederlagen, Überleben oder Fluchten. Die *1990er-Jahre-Parlement-Generation* Kameruns, vor allem in den späteren Jahren, leidet tief unter diesem Unverständnis, weshalb unter anderem das anachronistische französische System in Kamerun überlebt. Es ist auch der Grund, warum der abwesende Paul Biya, die französische Marionette, die seit achtunddreißig Jahren als Präsident Kameruns herumläuft, leicht Maskeraden von gefälschten Wahlen abzieht, die seine westlichen Marionettenmeister bestätigen, indem sie die falschen Ergebnisse dieser Wahlen anerkennen.

Aus dem Debakel zwischen Gbagbo und Ouattara wird deutlich, dass die Ursache der Kluft zwischen den beiden aus dem von Frankreich auferlegten System und ihrem Grad an

Akzeptanz oder Loyalität zu diesem System stammt, das Frankreichs Interesse an dem Land schützt, sogar über dem der Elfenbeinküste. Dieses von Frankreich auferlegte System macht Ouattara zu einem wohlwollenden Söldner, der die Verwaltung der Elfenbeinküste überwacht, und wirft Gbagbo als jemanden, der ursprünglich gezwungen wurde, aber es schaffte, seinen Minderwertigkeitskomplex zu einem widerspenstigen Abtrünnigen zu überwinden. Oder besser gesagt, Ouattara erscheint als verherrlichter Komprador und Gbagbo als eine Flamme, die von seinen Feinden nicht gelöscht werden kann, eine Brandmarke, deren Viktimisierung die Unterseite seiner Opfer umso mehr entlarvt.

Kapitel 2

Frankreichs nachteiliges Engagement in der afrikanischen Lokalpolitik, insbesondere nachdem es diese Länder in zivile Konflikte gedrängt hatte, wurde ungestraft durchgeführt. Diese Engagements werden normalerweise als französische Bemühungen getarnt, Leben in Gebieten zu retten, die sie in der Vergangenheit kontrolliert haben, und Frieden und Wohlstand während ihrer Kolonialherrschaft zu gewährleisten. Kurz gesagt, Frankreich und die streitsüchtigen Nachfolger von Félix Houphouet-Boigny (Henri Konan Bédié, Alassane Ouattara und General Gei usw.) sahen den Wahlsieg von Gbagbo im Jahr 2000 als einen inakzeptablen Fehler an, der korrigiert werden musste. Die Entwicklungen im Land danach, ob direkt oder indirekt, ergaben sich aus dieser Konzeption.

Länder wie Kamerun werden niemals frei sein, es sei denn, Frankreich akzeptiert den Irrtum seiner Wege auf die eine oder andere Weise. Und einige Afrikaner helfen nicht dem Wachstumsprozess, die Verfahren, die Frankreich in seiner Verwicklung in seine einseitigen Beziehungen zu seinen ehemaligen Kolonien und Territorien in Afrika einnimmt, wo Frankreich, obwohl es international gesehen wird, vor allem unter der Gemeinschaft der fortgeschrittenen Nationen, als eine gesetzestreue, zivilisierende und fortschrittliche Nation, in seinen Beziehungen zu diesen frankophonen Nationen in einer mafiösen Art und Weise weitergeführt wird und ungestraft handeln.

Kurz gesagt, Frankreichs Verhalten in diesen afrikanischen Ländern ist wie das von jemandem, der sich nicht um das Wohlergehen des afrikanischen Volkes kümmert. Tatsächlich ist es schwer, gegen einige Experten zu argumentieren, die glauben, dass es völlig rassistisch ist und dass es sich aus den Köpfen der Bigotten ernährt, die die verdrehte Sicht der kindlichen Unschuld oder Ignoranz des Afrikaners halten. Dies sind Menschen, die sich an der wahnhaften Wahrnehmung der Afrikaner als Menschen erfreuen, die nicht in der Lage sind, sich etwas Gutes auszudenken.

Es wäre uns schwer, jemanden zu finden, der stark genug argumentiert, dass es keine gute Idee ist, das politische und wirtschaftliche System, das Frankreich in den 1960er Jahren in seinen ehemaligen Kolonien in Afrika eingepflanzt hat, abzubauen, bevor es ihnen die Unabhängigkeit gewährt und damit politische Einrichtungen in jenen neuen afrikanischen Ländern fördert, die dort nach Frankreich-Interessen Ausschau halten, als die Interessen dieser neuen Nationalstaaten. Ein solcher Prozess des Niederschlags des anachronistischen Systems in den verschiedenen afrikanischen Ländern, der in ihrer

Gesamtheit FrancAfrique darstellt, ist ein Prozess, der nur von echten Bürgernationalisten mit dem revolutionären Antrieb, der panafrikanischen Vision und der tiefen Liebe zu ihrem Volk erreicht werden kann. Deshalb sollten die Befürworter des Neuen Afrikas beschimpft werden, wenn sie blind gegen jene Afrikaner antraten, die sich auf ihre amateurhafte und kurzsichtige Weise der vollen Maschinerie der konspirativen Mächte (oder gottähnlichen Mächten gegenüberstanden, wenn sie sich mit der antiken griechischen Mythologie analogieren).

Ich werde dieses ivorische Problem nicht eingehend kommentieren. Wir werden uns in Kamerun wieder damit auseinandersetzen; und der Rest Zentralafrikas wird in den nächsten Jahren von ähnlichen Täuschungen heimgesucht werden. Aber eines ist sicher, dass dieses französische Muster seit fast einem Jahrhundert in Afrika Anwendung findet, weshalb diejenigen im politischen Establishment Frankreichs, die die politische und wirtschaftliche Kontrolle Afrikas verwalten, insbesondere das System der Kontrolle des frankophonen Afrikas (FrancAfrique), FrancAfrique als eine erfolgreiche Vorlage und eine Gewinnstrategie, die nicht geändert werden muss.

Kapitel 3

Die Aufgabe der Verfechter des Wandels nach der Unabhängigkeit besteht darin, die Kontrollmethoden ausländischer Mächte zu untersuchen, die die Afrikaner bis zu dem Punkt unter ständiger Hilflosigkeit und Chaos halten, an dem die Organisatoren des Chaos wie die Retter aussehen. Die Afrikaner sollten ihre Geschichte verstehen, die Hebel der Macht beherrschen und wissen, dass ihre Rettung nur darin liegt, dass sie zusammenhalten und sich gegenseitig als unverzichtbare Beitragszahler für ein zukünftiges, wohlhabendes und freies Land und einen Kontinent akzeptieren.

Ich sage dies mit Bedauern, weil ich vor zwei Tagen mit Ex-Zairois gesprochen habe, der Lumumba für den beklagenswerten Zustand der Demokratischen Republik Kongo heute verantwortlich machte und ihm vorwarf, den Kongo in die Unabhängigkeit zu führen, wenn sie noch nicht bereit waren, für bringen Mobuto an die Macht zu bringen und seine Vision nicht mit den anderen Politikern zu teilen. Es ist, als würde man Jesus Christus für seinen Verrat durch Judas verantwortlich machen. Und Kongo, das kranke Herz Afrikas, wird für die Ewigkeit in Unverständnis gefangen sein, wenn es sich nicht mit seiner lähmenden Geschichte versöhnt, die der säuglingsnational durch die Mächte zugefügt wurde, die Lumumbas Sturz und Tod planten.

Ebenso argumentierte ein Landsmann 2003 in einem Dreier-Gespräch mit einem niederländischen Professor in Amsterdam mit Nachdruck, dass es in Kamerun nie einen Krieg gegeben habe, dass keine Massaker von französischen und Ahidjo-Kräften verübt worden seien, dass Biya ein großer Führer sei und dass Kamerun großes mache, weshalb es besser gehe als den meisten afrikanischen Ländern. Ein Narrenparadies nannte ich es. Oder war er damals vom Potemkin-Syndrom erfasst? Erst als der junge Mann „*Triple Agent, Double Cross*", danach las, erst nachdem er seine Neugier geweckt hatte und erst, nachdem er eigene Recherchen gemacht hatte, beklagte er den Grad der Gehirnwäsche, dem er und die meisten Kameruner ausgesetzt waren. Er litt noch immer unter den Folgen der Gehirnwäsche, die er in Kamerun durchmachte, selbst während seines Studiums und seines Lebens in Europa liberalstem Land.

Die Afrikaner müssen sich von der mentalen Sklaverei emanzipieren, die immer noch den größten Teil Afrikas in Unverständnis und Orientierungslosigkeit gefangen hat. Die Glücklichen, vor allem die in der Diaspora, sollten die Bemühungen um Emanzipation anführen.

13. April 2011   *Janvier Tchouteu*

www.ingramcontent.com/pod-product-compliance
Lightning Source LLC
Chambersburg PA
CBHW051239250728
48656CB00003B/1022